Das findet ihr in diesem Heft

Menschen, Tiere, Pflanzen, Dinge

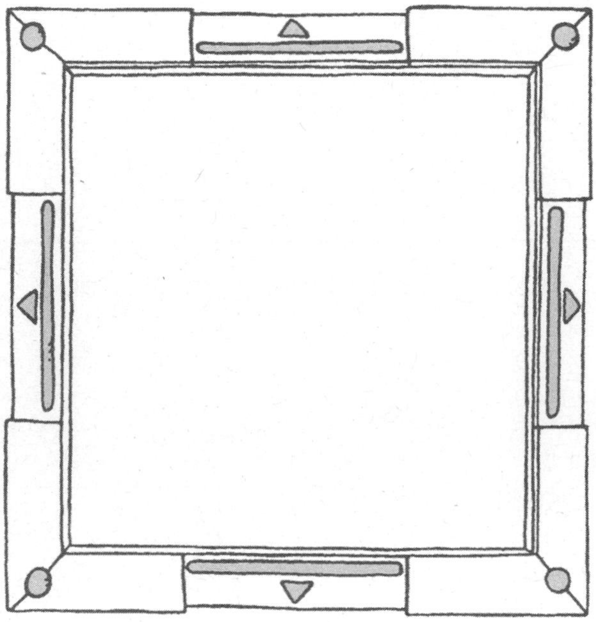

1. Male dein Gesicht in den Rahmen. ✏

2. Schreibe deinen Namen. ✏

Ich heiße …

Ich h

Meine Freundin heißt …

M

Mein Freund heißt …

3. Schreibe in Schreibschrift. ✏

4. Male eine Tischkarte für Jonas. ✏

Opa	Oma	Mutter	Vater	Bruder	Schwester

1. Wer ist das? Ordne zu. ✏

Freundin Oma Mutter Op

Bruder Vater Schwester Freund

hat d (3) — Bruder,

hat a (3)

endet auf er (4)

2. Welche Wörter findest du? ✏

1. Wie heißt das Haus? ✏

2. Findest du für jedes Wort seinen Platz? ✏

Er ist rund und rot.
Er schmeckt gut. der

Sie ist ein Tier.
Sie fängt Mäuse.

Er ist rund und weich.
Wir spielen damit.

Sie ist spitz. Man kann
mit ihr schneiden.

Ich habe sie auf der Nase.
Sie hat zwei Gläser.

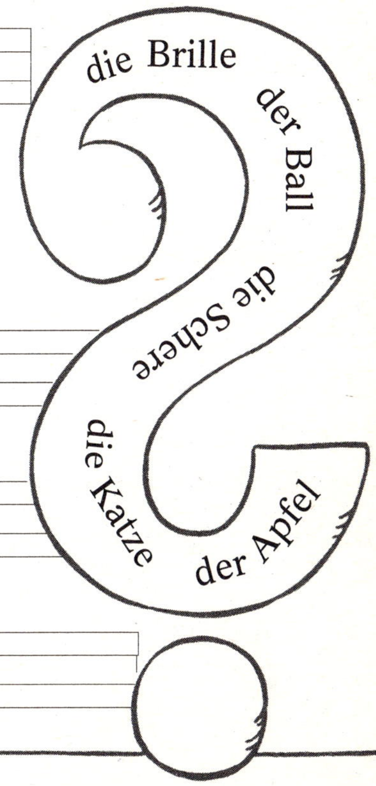

1. Kannst du die Rätsel lösen? ✏

☆ Erfinde auch ein Rätsel. ✏

Ich	will	einen Vogel haben.
Meine Mutter		eine Katze haben.
Meine Schwester		eine Maus haben.
Mein Opa		ein Nilpferd haben.
Meine Tante		einen Hund haben.

2. Bilde drei Sätze. ✏

Fisch

Tulpe

Stein

Baum

Schere

Bild

Lineal

Rose

Brille

Ein Würfelspiel mit

☺☺ Würfle und rücke vor. Gehört das Wort zu den Wörtern für Menschen oder Tiere oder Pflanzen oder Dinge? Zeige und kontrolliere.

Mutter

Hose

Nest

Bruder

Bär

Onkel

Freundin

Oma

Wörter für **Dinge**:

Ball Bild Brille Buch Hose Lineal
Nest Schere Stein

Wörter für **Menschen**:

Bruder Freundin Mutter Onkel Oma

Wörter für **Tiere**:

Bär Fisch Hund Vogel

Wörter für **Pflanzen**:

Baum Rose Tulpe

Lege einen Spielstein auf das Feld.
Wenn alle Felder belegt sind, ist das Spiel zu Ende.

Augen auf — Augen zu

eine Birne	ein Apfel	ein Bär	ein Füller	eine Schere
ein Lineal	ein Stein	ein Auto	eine Banane	

1. Was siehst du?
   Kreise die Wörter ein, und schreibe sie auf.

☆ Schau dir die Dinge genau an. Decke das Bild ab.
Weißt du noch alle acht Dinge?

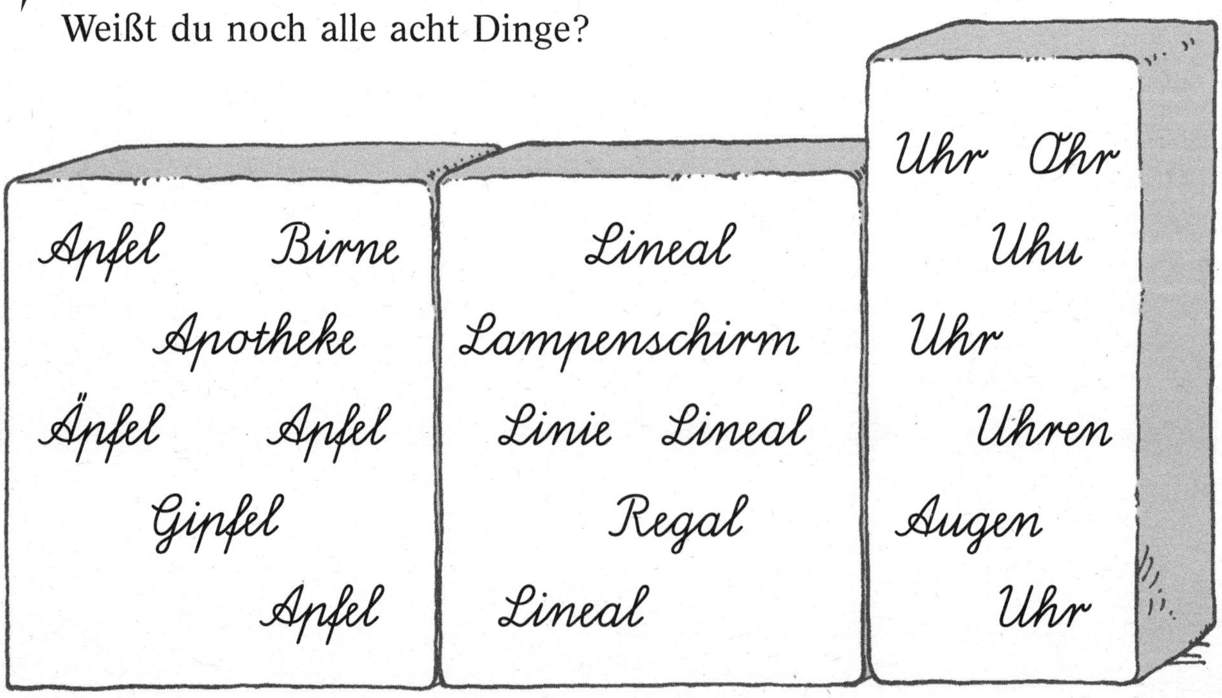

2. In jedem Kasten sind drei Wörter genau gleich. Schreibe sie nach.

● der
▲ die
■ das

● Berg
■ Buch
● Wind
▲ Blume

■ Hemd
■ Ei
● Mantel
● Kuchen
● Hut
▲ Tasse
▲ Schule
● Garten

▲ Puppe
■ Fenster
▲ Hose
● Fisch
● Freund
■ Kind
■ Haus
● Turm
▲ Kerze
▲ Hand
▲ Lampe
■ Gras

1. Ein Kind tippt auf eine Wortkarte und liest das Wort vor: ● Hut
Das andere Kind sagt den Begleiter (Artikel) dazu: „der Hut“
Überprüft gemeinsam.

Tisch Hund Banane
Buch Lineal Uhr

● der ______________________

▲ die ______________________

■ das ______________________

2. Ordne zu. ✏

Was wir gerne tun

schreiben	kochen	rechnen	spielen	malen	lachen

1. Was macht Jonas gerne? Ordne zu. ✏

kocht singt schwimmt spielt rechnet schreibt

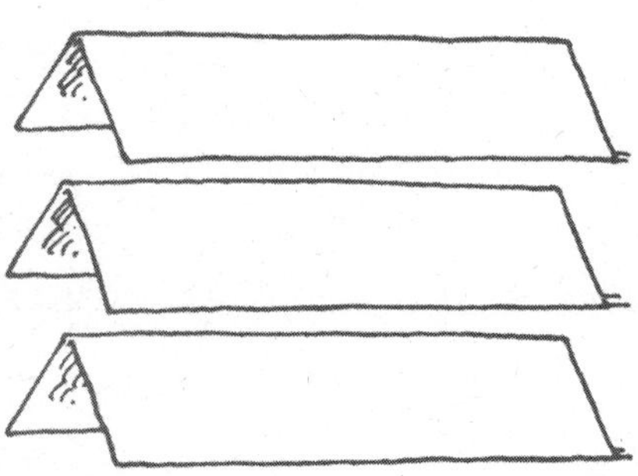

und gern.
und oft.
und gut.

2. Schreibe Namen auf die Karten. ✏
3. Würfle. Wohin paßt dein Wort? ✏

☺☺ Lest euch die Sätze vor.

Meine Freundin	kocht	gern.
Meine Schwester	schwimmt	oft.
Mein Vogel	singt	mit mir.
Mein Hund	schreibt	gut.
Mein Bruder	lacht	schön.
Mein Freund	spielt	immer.

Meine

1. Bilde Sätze aus dem Wörterschloß.
2. Vergiß den Punkt am Ende des Satzes nicht. ✏

☆ Und was macht die Schloßkatze gern?

Von Tieren erzählen

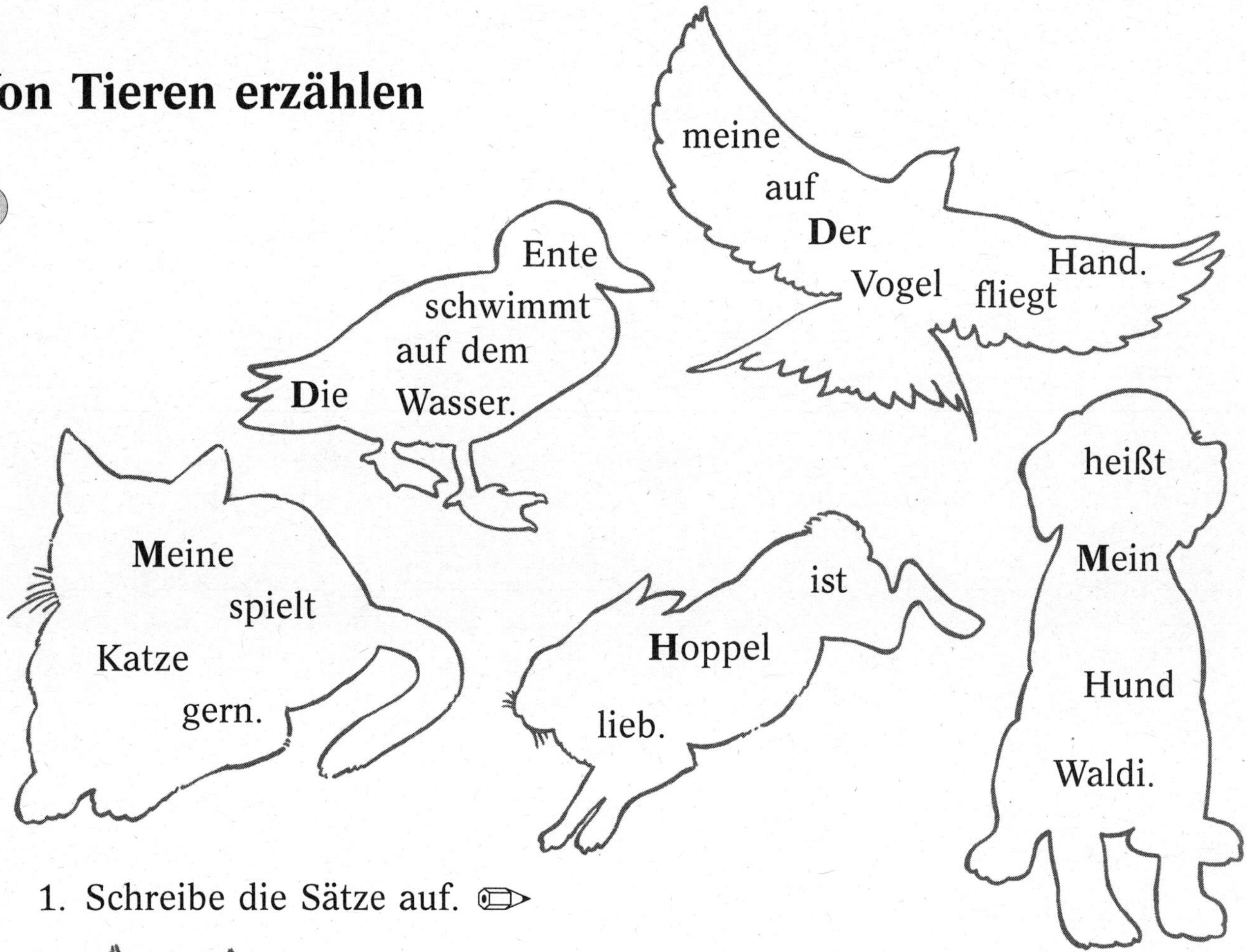

1. Schreibe die Sätze auf.

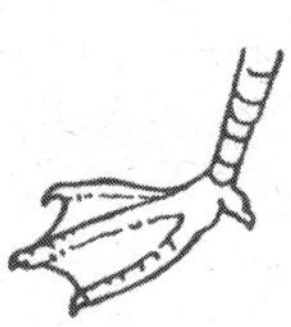

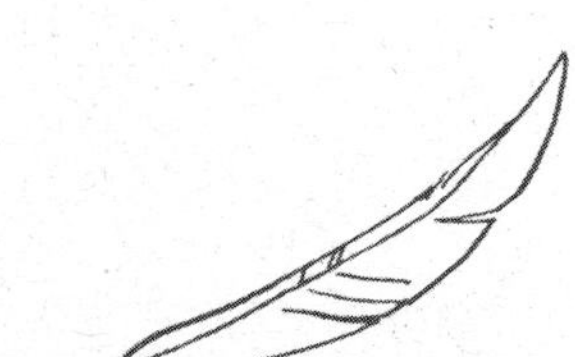

1. Lies ein Wort. Sprich dazu: fliegen mit ie.
   Fahre das Wort farbig nach. ✏

Silke hat einen Hund.

Er fliegt auf den Tisch.

Die Kinder haben einen Hasen.

Sie spielen mit ihm.

Mein Bruder hat einen Vogel.

Sie geht mit ihm in den Garten.

2. Welche Sätze passen zusammen? ✏

Silke

Möchtest du mal fahren?

Waldi, bleib stehen!

Guck mal, mein neues Fahrrad!

Halt!

Du mußt draußen bleiben!

Darf ich mal fahren?

Oh, hast du ein tolles Rad!

Da darfst du nicht hinein.

1. Was paßt in die Sprechblasen? Wähle aus. ✏

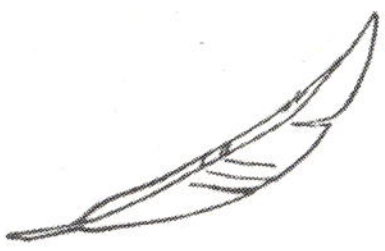

1. Welches Tier ist das? ✏

Mein Tier heißt Pepi
es ist ein Hase
Pepi hüpft gern
er frißt am liebsten
Karotten

Mein Hund heißt Wuschel
ich mag ihn gern
er kann schnell rennen
ich spiele oft mit ihm

Ich hatte einmal einen
Fisch gefangen
dann ist die Schnur
gerissen nun war der
Fisch weg

Mein Opa hat
eine Katze sie ist
schwarz die Katze läuft
mir immer nach

2. Setze die fehlenden Punkte ein.
Schreibe den Buchstaben am Satzanfang groß. ✏

3. Male die Tiere dazu. ✏

Mein Wörter-Abc

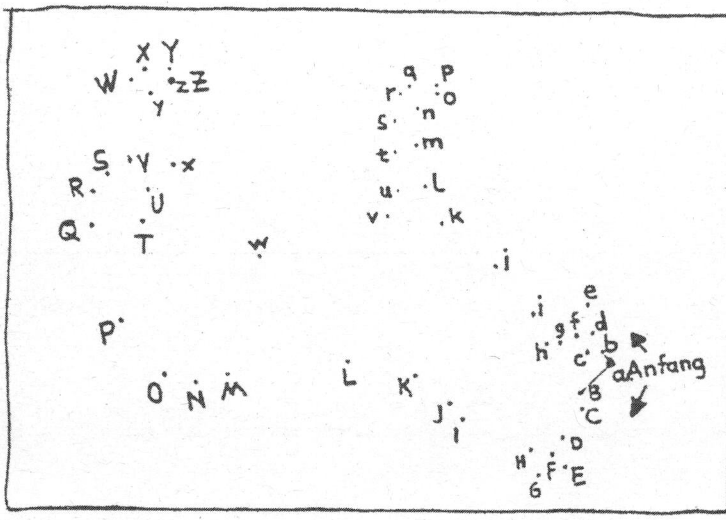

1. Welches Tier versteckt sich hier? Verbinde die Buchstaben nach dem Abc. ✏

2. Ordne diese Wörter nach dem Abc. ✏

3. Ergänze die fehlenden Buchstaben. ✏

JONAS
HAUS
SALZ
KUCHEN
PUPPE
FISCH
TASSE
WURST
ZUCKER

1. Löse das Kreuzworträtsel.

2. Welches Tier ist das? Du findest es auf dieser Seite.

☆ Verschlüßle selbst ein Wort.

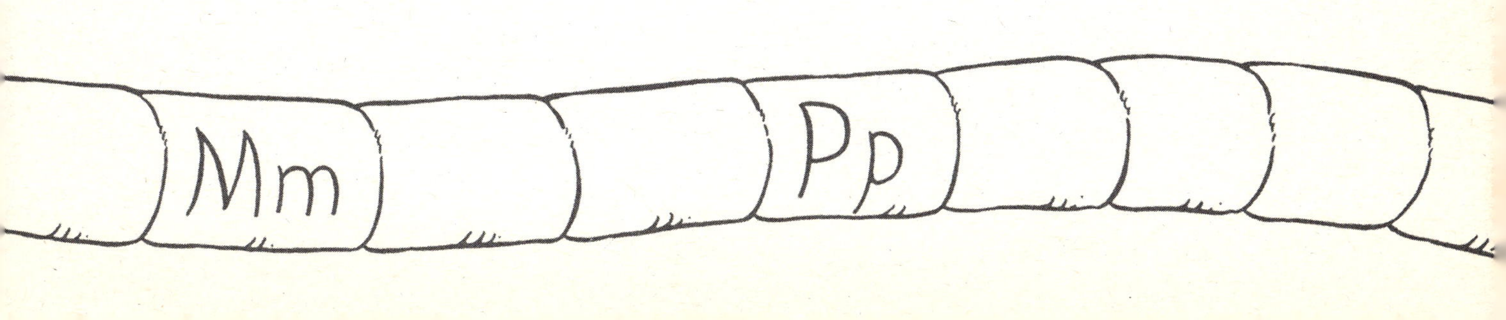

Unser Drachen

Nach der ____ kommt mein ____.
Er hat seinen ____. Wir wollen ihn steigen
lassen. Wir gehen auf den ____.
Der ____ bläst. Der ____ fliegt hoch.

1. Male die fehlenden Bilder hinein.
2. Schreibe die Sätze ab.
   Denke an die Schritte:

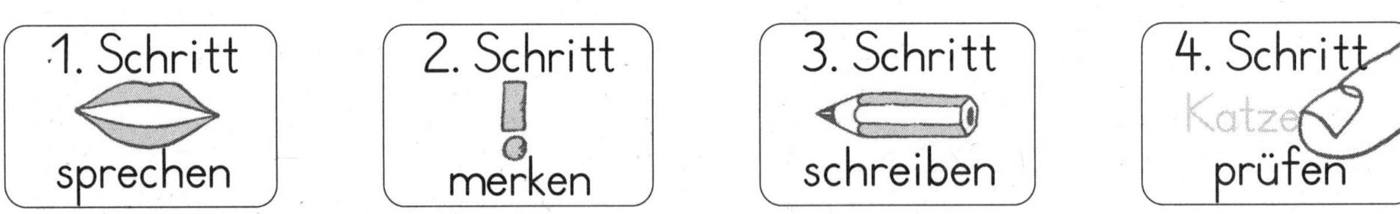

B_nane Z_trone H_nig

B_rne M_rmelade

S_lat N_deln Br_t

1. Ergänze die Selbstlaute.
2. Was ißt du davon besonders gern?

B_ch	Nudeln	B_rg	T_nne	H_mmel
Bach	N_deln	B_rg	T_nne	H_mmel

3. Du kannst immer zwei Wörter zaubern.
   Trage die Selbstlaute ein.

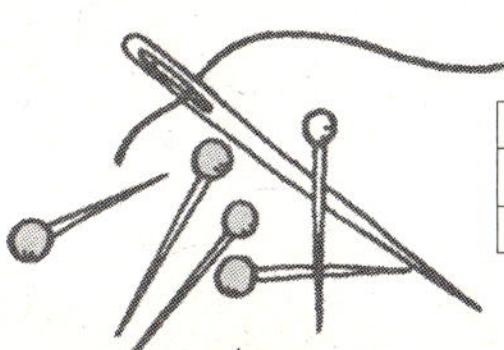

4. Welches Wort paßt zum Bild?

Freunde

Mein Freund kocht mit mir eine Suppe.
Mein Freund steigt mit mir auf den Berg.
Meine Freundin schreibt mir einen Brief.
Meine Freundin lacht mit mir.

1. Schreibe die Sätze zu den Bildern. ✏

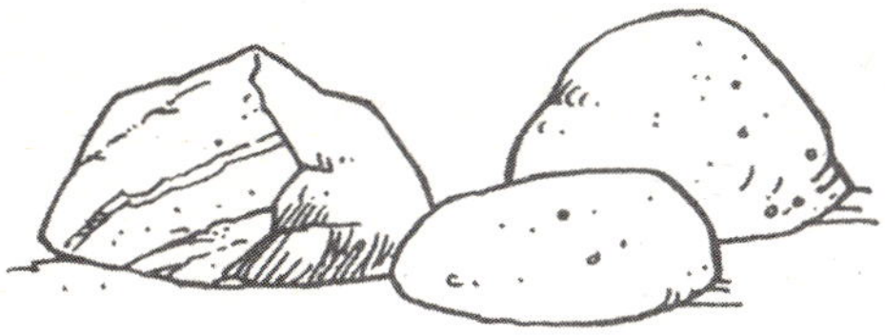

drei

die Steine

die Spiegel

die Sterne

die Spinnen

die Straßen

die Spiele

1. Zwei oder drei?
   Schreibe die Wörter zu den Bildern. ✏

2. Fahre bei jedem Wort **St** oder **Sp** farbig nach. ✏

Endlich kommt der Bus,

und wir dürfen ______.

Vor dem Zoo müssen

dann alle ______.

Die Ampel ist rot.

Alle Radfahrer müssen

______.

3. Setze ein passendes Wort ein. ✏

☆ Suche weitere Wörter mit ab, ein, aus.

Nikolaus und Weihnachten

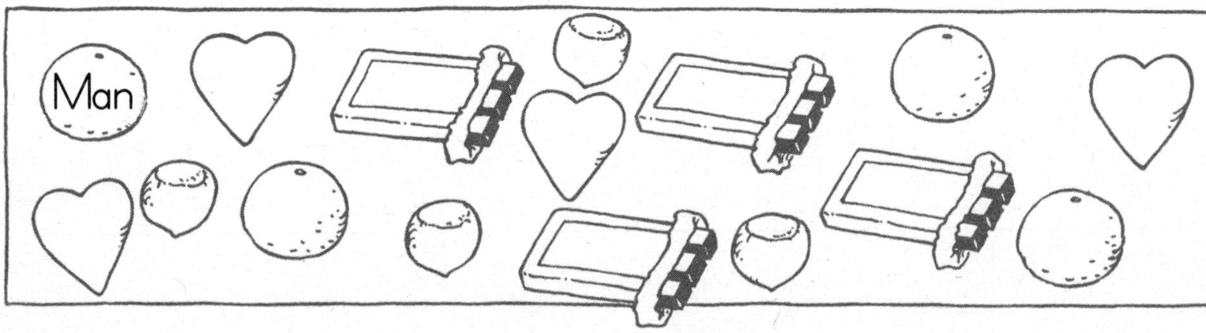

 Haselnüsse  Mandarinen

 Pfefferkuchen  Schokolade

1. Mache ein Silbenrätsel.
   Sprich und klatsche zuerst das Wort.
   Schreibe dann die Silben in die Formen.

ausschneiden Lieder Weihnachten singen

Sterne Nikolaus anzünden basteln

lernen feiern Kerzen Gedichte

2. Was paßt zusammen?

Wünsche-Tafel

Pi	ten	Mär	kof
Ei	tor	ten	bahn
Schlit	ra	buch	chen
Dok	fer	sen	schiff

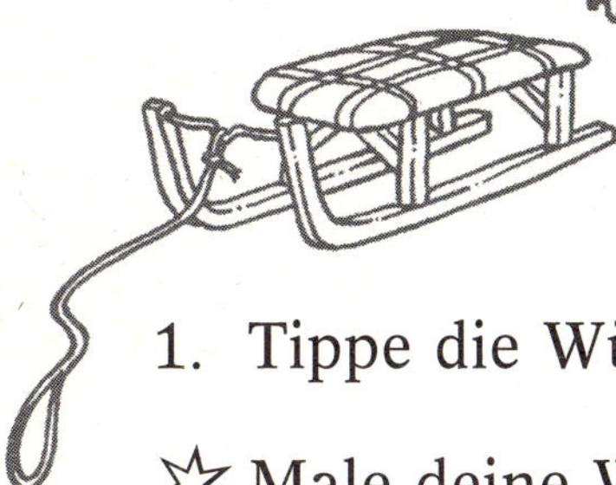

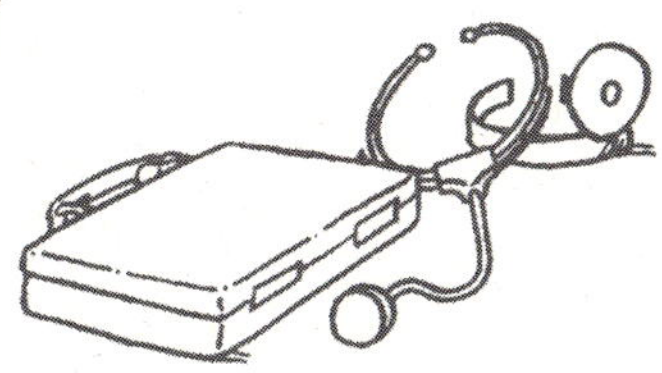

1. Tippe die Wünsche auf der Wünschetafel.

☆ Male deine Wünschetafel.

Alle freuen sich auf Weihnachten. Wir zünden heute Kerzen an. In der Klasse singen wir Lieder. Die Kinder wollen einen Nikolaus basteln. Alle schneiden Sterne aus.

2. Schreibe ab, und ersetze die Wörter mit durch Bilder. ✏

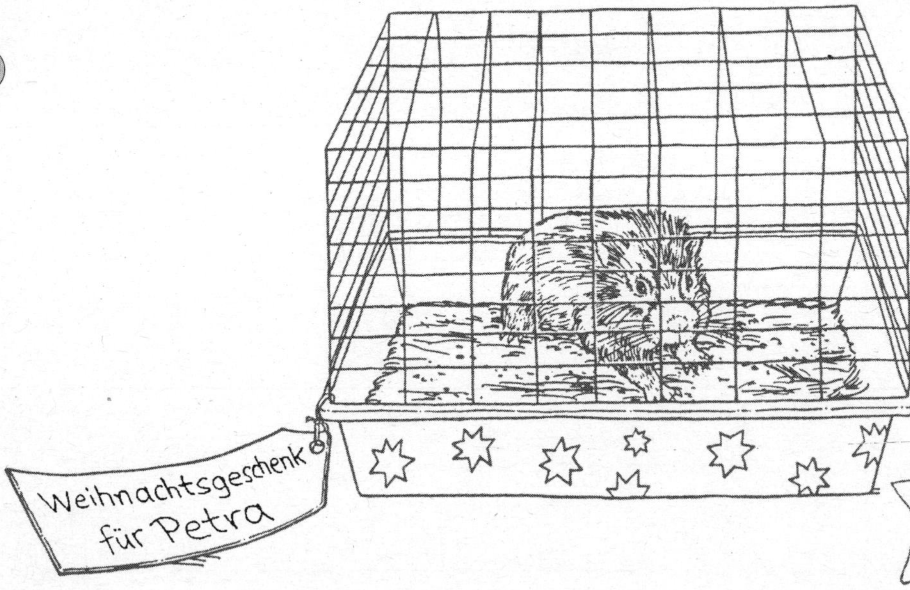

W soll mein Meerschweinchen heißen?

W frißt es?

W schläft es?

W kommen Meerschweinchen her?

W versorgt es, wenn wir weg sind?

W sind Meerschweinchen so beliebt?

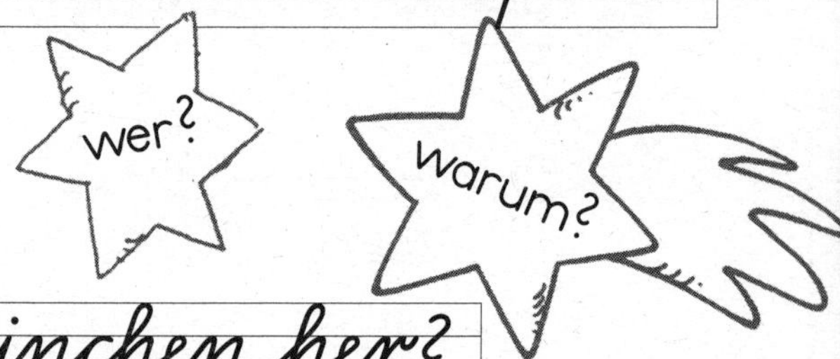

1. Setze bei jeder Frage ein passendes Fragewort ein. ✏

2. Fahre das Fragezeichen farbig nach. ✏

r	l	m	o	w	a	s	z	t
v	w	a	n	n	l	o	t	m
l	b	o	z	t	w	e	r	i
m	z	w	o	l	s	m	a	b
s	b	r	u	w	i	e	d	u
z	s	s	w	a	r	u	m	b

3. Findest du die sechs Fragewörter? ✏

☆ Schreibe mit jedem Fragewort eine Frage zu deinem Weihnachtsgeschenk.

Gefällt dir das Buch?

Ja, Bücher von Astrid Lindgren mag ich besonders gern.

Welches Buch von ihr kennst du denn schon?

Ich habe die Bücher von Michel gelesen.

Darf ich das Buch dann auch lesen?

Gern, wenn ich es fertig gelesen habe.

Bekomme ich den zweiten Band zum Geburtstag?

Vielleicht.

1. Lies alle vier Fragen,
   und fahre die Fragezeichen farbig nach. ✏

☺☺ Ein Kind stellt die Frage, das andere Kind liest die Antwort. Wiederholt, und wechselt euch ab.

Warum muß ich schon ins Bett?	Ein Gedicht, ganz schön geschrieben.
Was hast du deinen Eltern geschenkt?	Weil es schon sehr spät ist.
Wer spielt mit mir Mikado?	In deinem Zimmer.
Wann besuchen wir die Großeltern?	Ich.
Wo soll der Käfig mit dem Meerschweinchen stehen?	An Neujahr.

2. Ordne jeder Frage eine passende Antwort zu.

Viele Tage hat das Jahr

Am ______ schläft Jonas.

Am ______ ißt Jonas Torte.

Jonas geht am ______ einkaufen.

Am ______ packt Jonas die Badehose ein.

In die Badewanne geht Jonas am ______.

Seine Turnsachen nimmt er am ______ mit.

Und was macht er am Donnerstag?

Am ______

1. Setze die passenden Wochentage ein. ✏

☆ Male 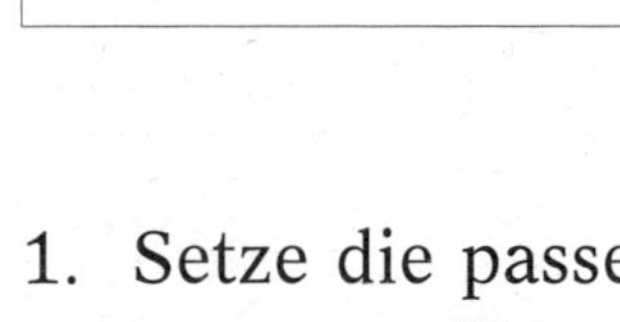 schreibe: *Meine Woche*

M_ntag 

Do__erstag 

So__tag 

Mi__woch 

Dien_tag 

F_eitag 

Würstchen
Fischstäbchen
Kartoffeln
Eis
Suppe
Äpfel

1. Setze die fehlenden Buchstaben ein.
2. Was gibt es an diesen Tagen zu essen?

Am Montag gibt es

Am

uns - Woche - kaufen

Für diese ... *wir* ... :

und

3. Setze die passenden Wörter ein.

1 Januar · März · April

Mai · Juli

August

September · November · Oktober

Februar · Juni · Dezember

1. Trage die passenden Zahlen ein.

2. Welcher Monat paßt zu den Bildern?

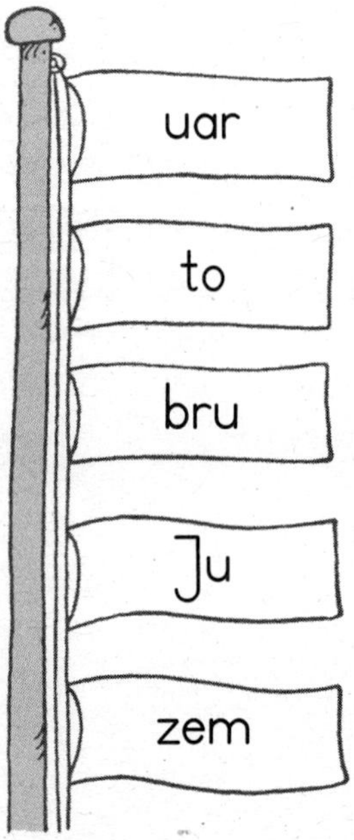

Januar

3. Suche zu jeder Fahne einen Monatsnamen.

Es war eine Mutter,
die hatte vier Kinder,
den Frühling, den Sommer,
den Herbst und den Winter.

1. Gestalte den Vers als Schmuckblatt. ✏

Frühling

Sommer

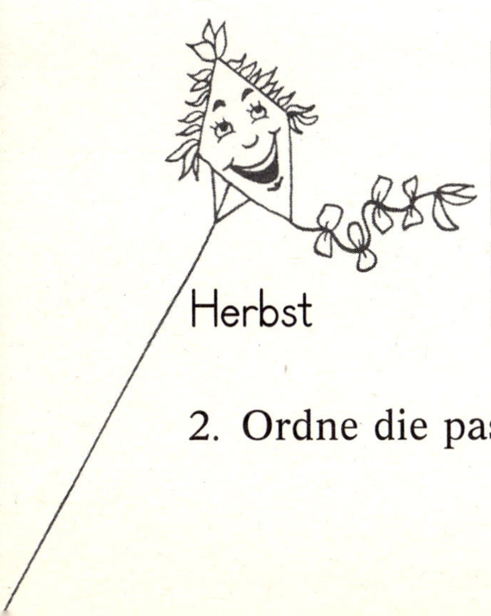

Herbst

Winter

2. Ordne die passenden Monate zu. ✏

Winter

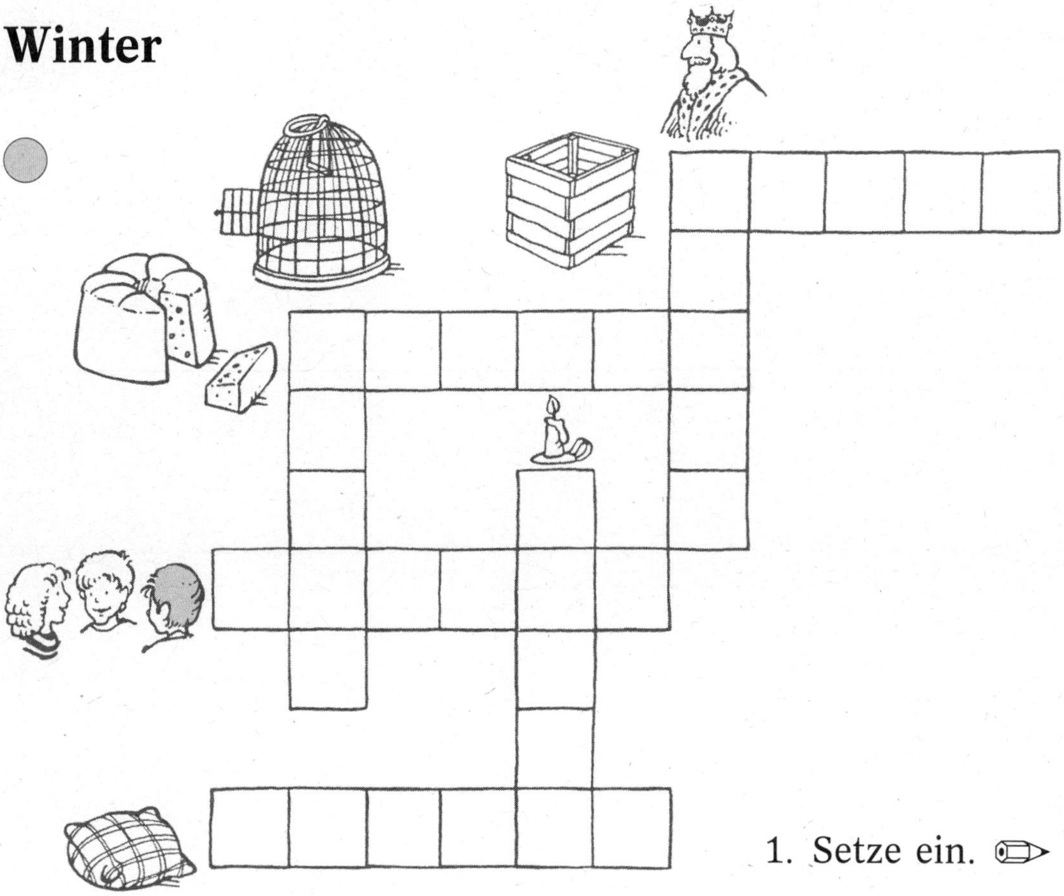

KISTE

KÖNIG

KUCHEN

KÄFIG

KINDER

KERZE

KISSEN

1. Setze ein.

Male auch ein Bilderrätsel mit
BALL BANANE BERG BLUME BUCH.
Wer kann es lösen?

- alt – Baum / Kind
- weich – Stein / Kissen
- heiß – Suppe / Schnee
- langsam – Buch / Schnecke
- gut – Räuber / Fee

ein

2. Welches Wort paßt? Achtung! Du mußt die Wiewörter (Adjektive) am Ende verändern.

sauer –  weich –

alt – kalt –

gut – langsam –

heiß	schnell	süß	hart	jung	böse

1. Findest du zu jedem Wort das Gegenteil?
2. Male Bilder in die Kreise.

Jonas hat

eine Mütze,

zwei Augen,

eine Nase,

zwei Ohren,

einen Mantel,

zwei Stiefel.

dick	klein	kalt	warm	groß	schwarz

3. Setze ein.

Sich verkleiden

Jonas malt ein wildes Gesicht. Er setzt seine Maske auf.

Jonas will eine Maske malen. Er holt eine Tüte und Farben.

Die Kinder erschrecken. Sie laufen davon.

1. Schreibe neben jedes Bild die passenden Sätze.

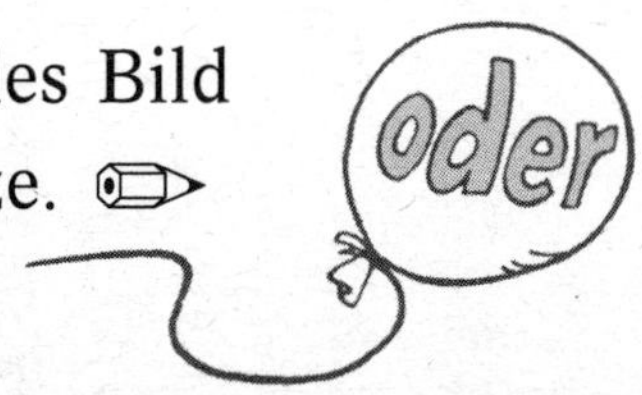

Schreibe eigene Sätze neben die Bilder.

anmalen abholen ankommen
ausschneiden einpacken aussteigen
abmalen anziehen abschreiben

1. Wo haben sich ab, an, aus, ein versteckt?
   Fahre die Wortbausteine farbig nach.

apier
ost
uppe

isch
asse
ier

iste
asse
rone

2. Welcher Buchstabe paßt in den Kreis: **K** oder **P** oder **T**?
3. Sprich die Wörter deutlich.
4. Ergänze, und schreibe das ganze Wort rot nach.

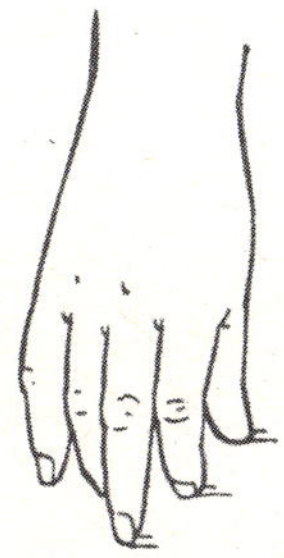

pa___ es p__ p________

5. Schlage in der Wörterliste nach. Findest du alle Wörter?

Zaubern

Mäntel Füße
Gläser Töpfe
Hüte Türme

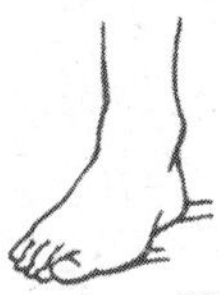
ein Fuß – viele
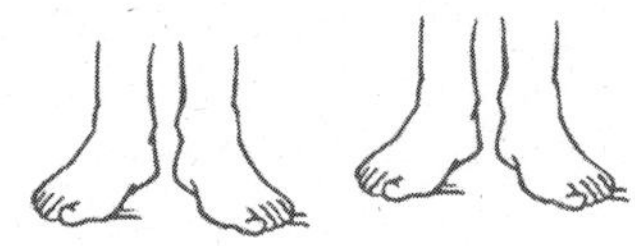

ein Glas

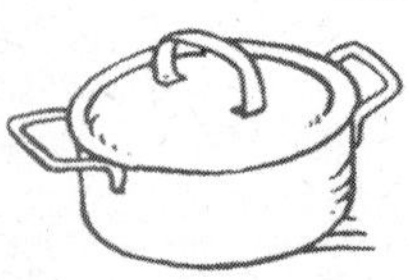

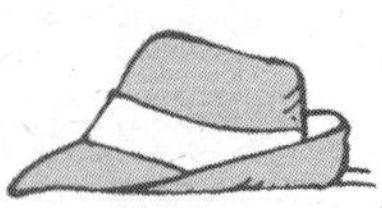

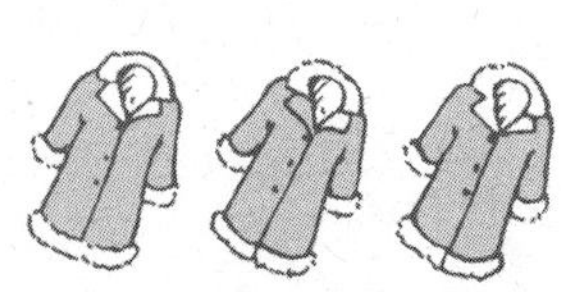

1. Ergänze. ✏

Ich fahre in den Zoo.

Jonas

Ich trage drei Tüten.

Jonas

Ich werde müde.

Ich laufe zum Käfig.

Ich falle hin.

1. Was macht Jonas? ✏

Im Zoo gibt es junge B ren.
Sie h pfen herum.
Der kleinste B r wird m de.
Er f llt hin. Sein Bruder
tr gt ihn auf dem R cken
und tr stet ihn.
Nun ist das B rchen
wieder gl cklich.

2. Setze **ä**, **ö**, **ü** ein.
Denke dabei an die beiden Pünktchen. ✏

Was wir schon können

rennen schwimmen singen stehen rechnen
gehen klettern kochen sehen
malen laufen schreiben hören

auf einem Bein
ein Lied
eine Geschichte
auf einen Baum
schnell
Spaghetti

1. Kreise ein, was du gut kannst.
2. Welches Wort paßt?

Meine Mutter	kann	lange laufen.
Bello		gut hören.
Ich		gut sehen.
Unsere Katze		schnell rennen.

3. Bilde Sätze.
4. Schreibe zwei Sätze auf.

die Tasse der Teller die Tanne

der Keller rennen schwimmen

klettern kommen

1. Sprich jedes Wort.
Zeichne unter jedes Wort die Silbenbögen.

die Suppe
die P

die Kanne

die Klasse

der Keller

die Tonne

die Butter

2. Wir reimen.

Wir rennen.
Jonas rennt.

Wir gehen.
Jonas

Wir singen.
Jonas

Wir laufen.
Jonas

Wir kochen.
Jonas

Wir stehen.
Jonas

3. Was wir können, kann Jonas auch.

Ostern

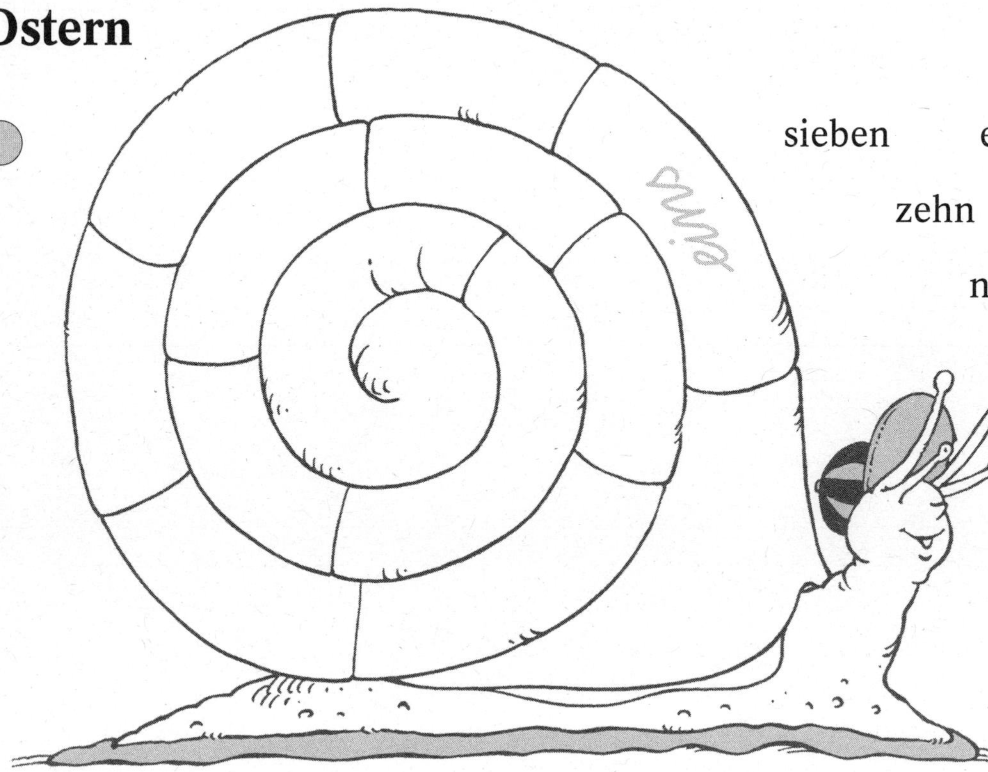

sieben eins elf

zehn vier zwei

neun zwölf

drei fünf

acht

sechs

1. Schreibe die Wörter für die Zahlen in die Zahlenschnecke.

2. Lies die Wörter in der Raupe. Wie viele Farbwörter findest du?

3. Schreibe die Wörter farbig nach.

das	Meer	die	Wiese
die	Tomate	die	Bluse
der	Briefkasten	die	Schuhe

4. Was paßt? Setze Wörter aus der Raupe ein.

Oma legt ein Ei ins Nest .
Kai holt ein Ei aus dem Nest .
Die Tür geht auf. Wer kommt ?
Jonas! Er findet ein Ei und läuft
wieder .

1. Setze die passenden Wörter ein. ✏

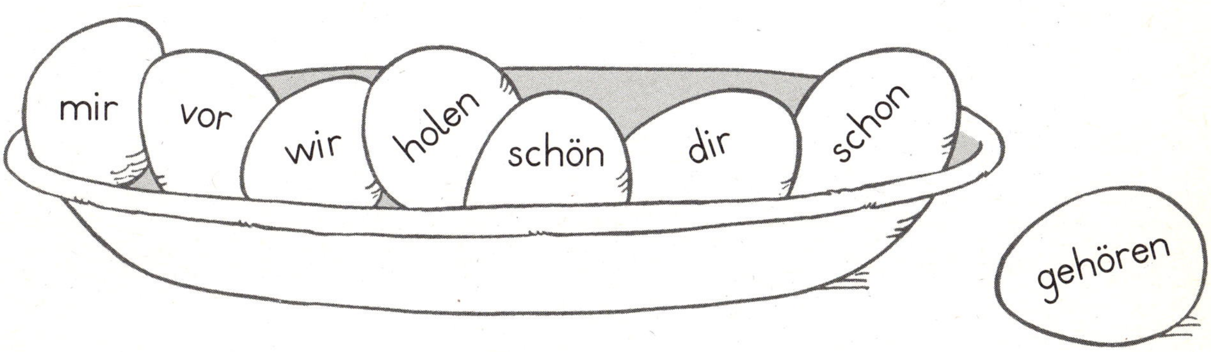

hat i (3)

hat o (3)

hat ö (2)

2. Ordne zu. ✏

☺☺ Ein Kind nennt ein Wort, das andere sagt einen Satz dazu.

Es grünt und blüht

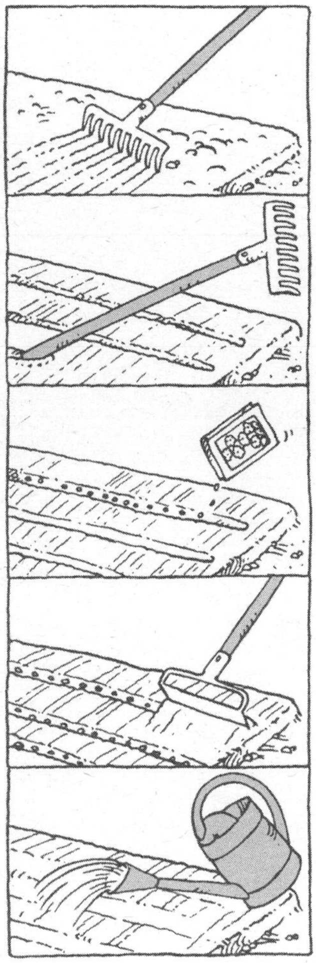

Beet

jeden Tag gießen

Rillen ziehen

Beet sorgfältig rechen

Samen in die Rillen säen

mit feiner Erde bedecken

1. Wie sät man Ringelblumen aus?
   Schreibe zu den Bildern. ✏

☆ Sät nach der Anleitung im Schulgarten Ringelblumen aus.

Jonas sät.

Er

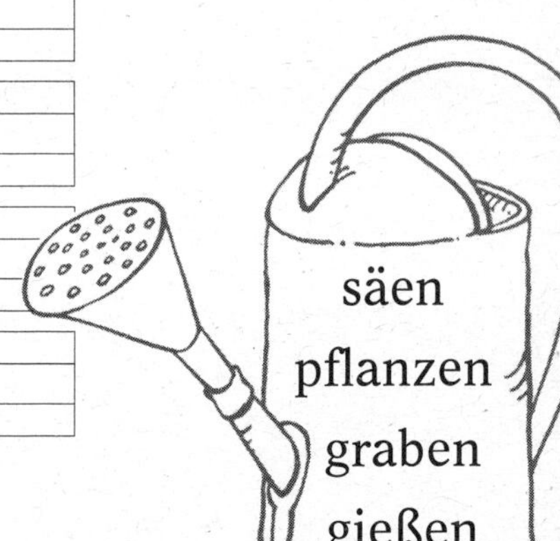

2. Auch Jonas hilft mit. ✏

1. Setze die Silben zusammen. ✏

2. Ordne den drei Beeten die Monatsnamen zu: April, Mai, März. ✏

Gib acht auf der Straße!

Mein Freund heißt Olaf.
Er besucht mich heute.
Ich stehe an der Kreuzung.
Ich warte auf ihn.
Schon kommt der Bus.

1. Lies den ganzen Text.
2. Lies einen Satz. Decke den Text ab.
   Schreibe den Satz auf. Überprüfe.

Freund schnell spielt neu
rot Kreuzung Straße
Freude fahrt herkommen
hinlegen heiß Leute

3. Die Wörter gehören zu den drei Wortarten. Wie heißen sie?
4. Schreibe die Wörter in den Farben für die Wortarten nach.
5. Verbinde die Wörter einer Farbe.

BINGO

male	fahre	hole	besuche	gehe	springe	gieße	schneide
gib	kaufe	laufe	komme	rechne	schreibe	lege	grabe

1. Suche dir für jedes Feld ein Wort aus, und trage es ein. ✏

☺☺☺ Bingo können drei oder mehr Kinder spielen.
Ein Kind ist Spielleiter/Spielleiterin.

Spielregel:
Der Spielleiter/die Spielleiterin liest ein Wort vor.
Jedes Kind sucht dieses Wort auf seinem Plan
und legt einen Spielstein auf das Feld.
Wer zuerst eine Reihe (vier Wörter)
von oben nach unten oder von links nach rechts
gelegt hat, ruft

und wird Spielleiter/Spielleiterin
für die nächste Runde.

Geburtstag

Martina feiert im Juli ihren  .

Sie will im  feiern.

Sie hat drei  eingeladen.

Im Zelt wollen sie  trinken

und  essen.

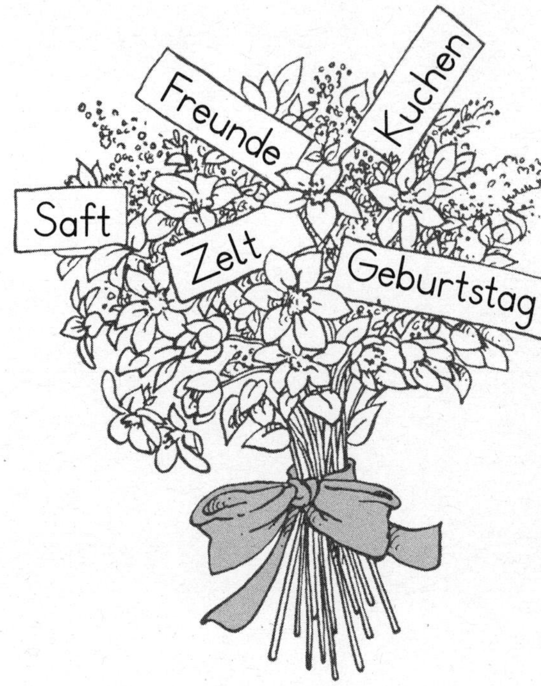

1. Schreibe den Text ab.
2. Was würdest du Martina schenken?

3. Wie folgen die Monate aufeinander?

Geburtstagsvorbereitung

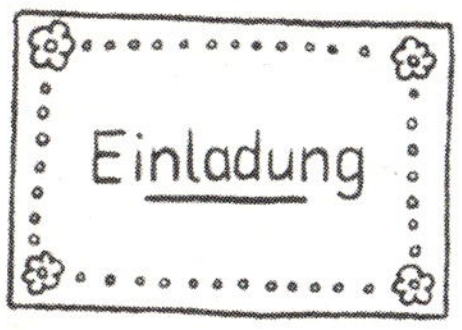

Freunde einladen

Ich

Kuchen einkaufen

Zelt einpacken

Saft einschenken

1. Setze Namen oder **Ich** ein, und schreibe Sätze.

Liebe Martina,
ich wünsche D alles Gute
zu Geburtstag.
Ich lade zu einem Besuch
im Zoo ein. Freust
schon? Opa

2. Setze in den Brief **Dein**, **Dir**, **Deinem**, **Du**, **Dich** ein.

Was ziehst du gerne an?

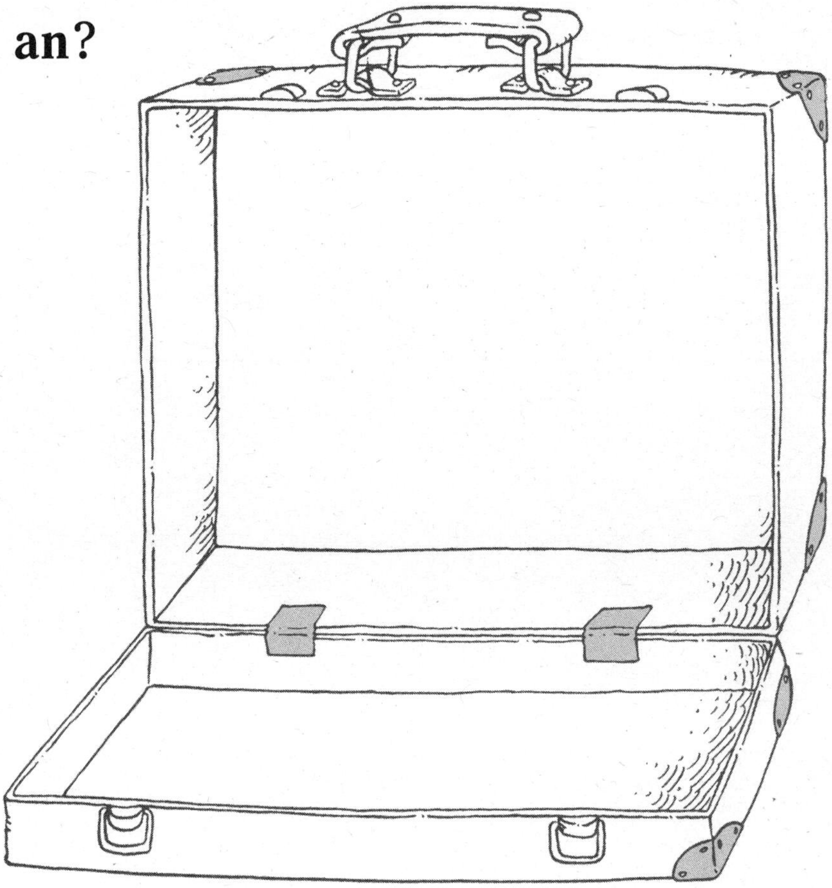

Jonas geht auf Reisen.

In seinem Koffer sind
eine dicke Jacke,
ein buntes Hemd,
eine warme Mütze.

Er packt noch
einen warmen Pulli,
einen langen Schal,
eine kurze Hose und
zwei große Schuhe ein.

1. Male, was Jonas in seinem Koffer hat.

☆ Packe einen Koffer für eine Reise in den Süden.

2. Armer Jonas! Was hat er nur auf seine Reise in den Süden mitgenommen?

teuer	lang	dunkel	weich	glatt	tief	dick	fein

1. Ergänze die Gegensatzpaare. ✏

lang / kurz

eine ... *Hose*

hell / dunkel

ein ... *Kleid*

glatt / rauh

ein ... *Pulli*

dick / dünn

ein ... *Hemd*

rot / schwarz

ein ... *Rock*

grob / fein

eine ... *Jacke*

2. Was ist dir lieber? Wähle aus. ✏

Kreuz und quer durch die Wörterliste

1

Schlage den Buchstaben M auf.

Zeige auf **Mai**, **März**, **Mittwoch**.

2

Suche das Wort **Apfel**.
Wie heißt sein Begleiter (Artikel)?
Nenne die Mehrzahl von **Apfel**.

3

Schreibe drei Wörter mit J oder j aus der Wörterliste auf.

4

Schlage den Buchstaben P auf.
Wie heißt das erste und das letzte Wort?

5

Schlage den Buchstaben S auf.
Lies alle Wörter mit **St** oder **st** am Wortanfang laut vor.

6

Schlage den Buchstaben H auf.
Welches Wort willst du dir besonders merken?

7

Schlage den Buchstaben R auf.
Welche Wörter haben **ck**?

☺☺ Stellt euch gegenseitig Suchaufgaben zur Wörterliste.